Liberte-se da Ansiedade e Recupere Sua Paz Interior:

Técnicas Eficazes para Eliminá-la de Sua Vida, assim como Segredos para Superar a Insônia Causada pela Ansiedade.

"O medo é a emoção mais difícil de controlar. A tristeza que choras, a raiva que gritas, mas o medo silenciosamente prende-te no teu coração". **Psicólogo emotivo - online**

Índice

Preâmbulo

Provavelmente neste momento está prestes a começar a ler este livro, porque está quase a desistir, prestes a desistir da busca da sua felicidade. Está a afundar-se num precipício chamado desordem de ansiedade generalizada (GAD). Não sou estranho a esse sentimento, sei exactamente como se sente, tentando pelo menos encontrar uma pequena saída para fora desse inferno. Da mesma forma, estou totalmente convencido de que, para além de encontrar uma cura, deseja que ela aconteça o mais rapidamente possível. E se esse é o seu objectivo; exorto-o a olhar mais de perto para este guia definitivo da sua felicidade, encontrado neste pequeno livro que lhe mostrará metodologias inovadoras sobre como sair desta desordem angustiante. Leia-o! Ficará surpreendido.

Sente que a direcção da sua vida está a chegar ao fim devido aos constantes ataques de pânico e ao que isso significa para si; um pesadelo total. Os tempos felizes estão tão distantes no passado que está quase à beira de se demitir e na pior das hipóteses; pensando em acabar com tudo isto: a sua própria vida. Mas não antes de ter parado por um segundo para ler isto, que pode ter pensado no início ser apenas mais um daqueles livros de auto-ajuda de quarta categoria, mas deixe-me responder-lhe com um retumbante: não. Acredito verdadeiramente que este livro que está prestes a ler é um dos guias mais inovadores e práticos do mundo sobre o tema da ansiedade generalizada. Como ler, controlar e eliminar a perturbação da ansiedade da sua vida, e a melhor parte: num curto espaço de tempo. Neste guia decisivo, aprenderá uma lista das técnicas mais eficazes que aprendi nos melhores hospitais de saúde mental de todo o mundo, quando estava sob o domínio da ansiedade, e que graças à sua aplicação na prática me ajudou a curar espantosamente.

Posso gabar-me orgulhosamente de ser um sobrevivente desta maldita desordem. Não sofri dela durante meses, foram anos de agonia encerrados nos meus medos, o que muitas vezes me levou ao limite da tentativa de suicídio. Até que encontrei uma forma de a controlar e depois de a retirar da minha vida. O que está a ler não é um prólogo de marketing, mas sim a realidade da metodologia que utilizei e que em breve conhecerá. Quero salientar que este método não é uma magia que promete curar de um dia para o outro: não. Mas é uma metodologia que, desde o início, vos curará de um dia para o outro. Mas é uma metodologia que, desde o primeiro dia em que se experimenta, fará grandes mudanças no seu estado de espírito que será difícil de compreender no início. Mas será apenas o início.

Por conseguinte, exorto-vos a examiná-lo o mais lentamente possível, e a levar a cabo todas as directrizes que vos indicar. Se eu, que sofri de uma das mais horríveis perturbações de ansiedade que podem imaginar, fui capaz de a gerir graças a estas técnicas, e se as utilizarem, estou certo de que sairão vitoriosos.

Não escrevi este livro com o objectivo de ganhar dinheiro, que é algo com que já não estou preocupado neste momento da minha vida em que estou feliz. Escrevi-o porque desejo com toda a minha alma que muitos espíritos desanimados que estão desesperados e se renderam a este monstro; saiam e retomem a sua vida ou, pelo menos, tentem ser felizes novamente. Desfrute deste pequeno guia que é o seu caminho para a sua felicidade mental. O seu amigo Simmons Graham que passou pelo inferno da desordem generalizada da ansiedade e foi capaz de ser feliz novamente. Eu sou feliz.

Se a metodologia explicada neste livro lhe ajudar muito, deixe-me um comentário para que eu possa continuar a ajudar mais pessoas que sofrem deste problema. Muito obrigado.

Ansiedade generalizada

A perturbação generalizada da ansiedade é um grande problema de saúde pública na nossa era, mais do que alguma vez poderíamos imaginar, causando uma onda de problemas em todo o mundo. E segundo o Hospital Mental Gelh, um dos melhores centros de saúde mental do planeta, divulgou recentemente alguns dados alarmantes, onde menciona que 2 em cada 10 pessoas que sofrem desta condição vão para centros especializados, e que só nos Estados Unidos isto equivale a mais de 20 mil milhões de dólares do orçamento anual da saúde. E isto obviamente não inclui a despesa que é feita em todo o mundo por esta doença. Tornou-se sem dúvida uma pandemia, até mesmo a OMS a enumera como um problema mais preocupante do que o VIH devido à onda de suicídios que provocou nos últimos anos, para além do elevado custo económico.

Sabendo que, então pode-se perguntar, o que é a própria ansiedade generalizada que causa tanta angústia mental para o indivíduo que dela sofre? Vejamos a definição clínica de acordo com os especialistas do Hospital Mental Gelh: É uma perturbação mental em que uma pessoa está frequentemente preocupada ou ansiosa sem razão aparente por muitas coisas, na sua maioria de natureza catastrófica, associada a uma série de sintomas que normalmente ocorrem ao longo do dia ou parte da noite.

Para um indivíduo que sofre de ansiedade nem sempre será fácil encontrar o diagnóstico correcto, porque quando sofre, por exemplo, um ataque de pânico ou sintomas da mesma condição, é normal recorrer a um médico de clínica geral que, na sua maioria, não tem a sensibilidade ou o tacto, muito menos o conhecimento profundo da doença, e geralmente dá diagnósticos errados e tratamentos ineficazes. E isto é mais comum do que se pensa, mesmo quando apresentam o quadro completo dos sintomas. Outros nunca procuram ajuda profissional devido à sua ignorância e falta de conhecimento, e outros simplesmente devido ao que as pessoas dirão. Ou simplesmente por pena acreditam que, se procurarem ajuda psicológica profissional, serão rotulados como fracos e ridículos ou exagerados.

Como já vimos, a definição desta desordem debilitante já foi ouvida pela maioria das pessoas, mas poucos têm uma compreensão profunda do que significa estar ansioso. A ansiedade em si é uma característica natural que todos os seres humanos têm para a nossa sobrevivência e ajuda-nos a sair de situações stressantes. Mas para além de nos ajudar em situações perigosas, a ansiedade em períodos prolongados pode levar a muitas doenças fisiológicas e, portanto, a deteriorar a nossa vida pessoal e profissional. É por isso que é tão importante pedir ajuda. Porque quando a ansiedade passa à segunda fase, a angústia, os pensamentos repetitivos e intrusivos e o medo horrível que muitas vezes aparece do nada. E se não recebermos tratamento a tempo, eles podem tornar-se incontroláveis ou aparecer outros novos, mas desta vez não só mentais mas fisiológicos, que em muitos casos se tornam quase impossíveis de suportar, e por isso destroem a nossa vida em todos os seus aspectos, tirando-nos toda a nossa felicidade.

Sintomas de ansiedade generalizada

TAG SYMPTOMATOLOGY:

- Taquicardia (moderada a muito intensa, excedendo 160 batimentos por minuto).
- Falta de ar, dificuldade em expandir os pulmões (dispneia).
- Derealização (a sensação de perceber o seu ambiente como uma mera miragem ou irreal, como se não estivesse na realidade física mas num sonho. É um dos sintomas mais terríveis quando se sofre desta desordem.
- Sentir que está fora do seu próprio corpo, conhecido como despersonalização.
- Ataques de pânico moderados a severos.
- Medos insuportáveis, sem razão aparente.
- Falta de concentração.
- Dificuldade em adormecer: insónia durante semanas ou mesmo meses.
- Angústia e ansiedade, ao ponto de o coçar e tentar matá-lo em casos extremos.
- Pensamentos intrusivos de culpa e angústia.
- Tonturas e tensões graves (dor na zona do pescoço).
- Medo de que vai morrer de ataque cardíaco.
- Náuseas e vertigens.
- Cansaço durante todo o dia.
- Colite nervosa e gás anormal em situações stressantes.
- Entorpecimento de áreas do corpo como o crânio, mandíbula, pernas e braços.

- Frustrações de não ser capaz de realizar sonhos devido à natureza incapacitante da condição.
- Baixa auto-estima e desânimo. E um longo etc.

Princípios para estar consciente disso podem desencadear uma ansiedade generalizada.

Até agora não há nenhum factor conclusivo que cause esta desordem, mas sim uma série de elementos que estão directa ou indirectamente relacionados, desde experiências ambientais, genéticas, de vida ou situações traumáticas. E aqui enumero os principais:

- **Características genéticas herdadas:** características físicas e biológicas herdadas dos pais, embora nem sempre irrefutáveis, estão geralmente directa ou indirectamente relacionadas com a **etiqueta.** Embora pesquisas recentes tenham demonstrado que a maioria é herdada da carga genética da mãe.
- **Factor ambiental:** são situações em que tendemos a viver na nossa vida quotidiana, por exemplo, em ambientes de trabalho em que vivemos humilhações constantes ou na escola, ou o simples facto de nos relacionarmos com pessoas negativas, frustrações pessoais, relações mal sucedidas ou más situações económicas.

- **Situações traumáticas:** são todas aquelas situações que vivemos ao longo das nossas vidas que nos empurraram para os nossos limites psicológicos e emocionais. Tais como ter sofrido uma violação, um rapto ou simplesmente ter sofrido um acidente com risco de vida, ou praticamente ter alguém doente em casa. Quando uma pessoa passa muito tempo em tais situações, desenvolve frequentemente distúrbios de ansiedade que vão desde moderados a insuportáveis, e em muitos casos muitos cometem suicídio. Em menores como as crianças, é vital estar de olho neles quando apresentam quaisquer sintomas, pois pode afectá-los demasiado e até acompanhá-los para o resto das suas vidas. Portanto, preste sempre atenção ao que acontece aos seus filhos na escola porque a intimidação pode causar uma ansiedade generalizada.

Assim que tiver algum conhecimento do que é a ansiedade e da sua principal sintomatologia e dos factores que tendem a activá-la, deixo-vos com o conjunto de técnicas mais eficazes que me ajudaram muito pessoalmente quando a vivi em carne e osso. Uma vez analisadas as técnicas, continuarei a contar-vos a minha experiência de como consegui derrotar definitivamente este monstro num curto espaço de tempo, com outro método para além das técnicas que agora conhecerão. Quero salientar que a lista de técnicas que verão a seguir as experimentei pessoalmente, e posso assegurar-vos quase cem por cento de que trabalham para controlar a ansiedade. Sem mais demoras, deixo-vos com o guia definitivo sobre como controlar esta desordem e os seus horríveis sintomas.

Como elogio final, é de salientar que este livro nunca encoraja a não procurar ajuda de profissionais, mas, pelo contrário, exorto-o a procurar ajuda de centros especializados. Este guia é um livro do ponto de vista de alguém que o conseguiu banir da sua vida com todo o método que aqui menciono. Mas vale a pena salientar que talvez 15% não o consiga alcançar, pois em todos os métodos há sempre uma margem de 15% que normalmente não funciona, mas estou certo de que 75% beneficiará de uma forma ou de outra.

Técnicas para controlar anxiety

Nesta secção aprenderá sobre as técnicas mais eficazes utilizadas em diferentes partes do mundo para controlar a maior parte dos sintomas de ansiedade generalizada. Vamos começar.

Ataques de pânico

Um ataque de pânico é um ataque que ocorre subitamente e é sempre acompanhado por um medo incontrolável que é acompanhado por sensações fisiológicas excessivas sem razão aparente. Este sintoma de ansiedade é um dos mais horríveis e pode deixar o doente praticamente muito deprimido. Quando se experimenta um ataque de pânico, sente-se que está prestes a perder o controlo, dependendo da situação. Por exemplo, se de repente se apanha taquicardia rápida, sente-se um medo irrealista de que está prestes a ter um ataque cardíaco, e que sente que vai morrer de repente, pelo que entra em hiperventilação ou foge frequentemente aos gritos.

Segundo os especialistas, os ataques de pânico não ocorrem em todas as pessoas, pelo que, segundo eles, a maioria das pessoas terá apenas um durante a sua vida, mas não mais. E neste tipo de pessoas, os ataques de pânico desaparecerão assim que a situação stressante desaparecer. Mas ao contrário destas pessoas, o indivíduo que sofre de ansiedade sofre de ataques de pânico recorrentes e, em muitos casos, desenvolve-se em distúrbios de ansiedade de pânico. É bom notar que um ataque de pânico não mata ninguém, mas leva a uma perturbação na qualidade de vida tanto pessoalmente como no trabalho. Felizmente, existem métodos e técnicas para o contrariar.

Os sintomas de um ataque de pânico começam geralmente gradualmente ou de repente sem qualquer aviso. O mais feio é que eles ocorrem sempre quando se está em momentos de sossego ou paz. Por exemplo, ver um pôr-do-sol, ver um bom filme ou simplesmente descansar. O pior é que tendem a repetir-se duas vezes por semana ou diariamente, deixando os doentes exaustos e incapazes de realizar normalmente actividades extracurriculares. A melhor maneira de identificar um ataque é seguir estas características abaixo.

- Um medo de perder o controlo e de poder cometer algo louco como suicídio ou matar alguém, embora estas sejam apenas ideias infundadas.
- Taquicardias (batimentos cardíacos acelerados que oscilam acima de 120 batimentos por minuto e por vezes até atingem um pico de 170 batimentos por minuto, criando o ambiente certo para a sensação de que se está prestes a sofrer um colapso cardíaco. Mas tudo isto é um produto do mesmo medo e hiperventilação, e isto é quando ocorrem os tremores característicos e as tonturas do desequilíbrio metabólico.
- Tremores musculares por vezes incontroláveis e que podem durar até 10 minutos e depois desaparecer. Esta sintomatologia cria pânico no círculo familiar próximo, quando não se tem consciência disso. Porque ver o seu ente querido tremer incontrolavelmente não é algo que passe despercebido.
- Arrepios e transpiração acompanhados de frio ou calor intenso.
- Falta de ar, tendo a sensação por momentos ou horas de não conseguir expandir os pulmões livremente, como se sentisse aperto no peito. E este é um dos sintomas de que muitas pessoas fogem quando estão dentro de casa.
- Tonturas, vertigens.
- Náuseas.
- Desconforto muscular geral, especialmente na zona dos ombros, peito, costas, vértebras.

- Dores de cabeça severas a moderadas.
- O desejo de defecar.
- Urgência ou necessidade de defecar sob a forma de um jorro.
- Ter a sensação de estar a perder a sanidade e o desejo de fugir por causa desse sentimento, independentemente do que alguém diga.
- Sentimento de calor no peito.
- Sensação de asfixia.

A sintomatologia acima referida é em síntese os principais elementos que acompanham um ataque de pânico uma vez que se perdeu o controlo das próprias emoções.

Vale a pena notar que uma das coisas mais aterradoras sobre ter um ataque de pânico é o medo de se tornarem repetitivos. Quando nos habituamos a sofrer ataque após ataque, chega o momento em que sabemos que não nos matará e estamos conscientes de antemão, mas uma vez que se manifesta na nossa mente, tudo muda, naqueles momentos precisos em que se sente como se estivesse a morrer, tudo é toldado, a lógica não obedece. Só vós que experimentastes estas sensações horríveis sabeis que é muito difícil enfrentá-la com a nossa força mental para dizer não, nada acontece.

Da mesma forma que a ansiedade, as principais causas que produzem um ataque de pânico são devidas, numa percentagem elevada, a uma predisposição para sofrer dela ou talvez a uma situação específica que a provoca no seu subconsciente, trazendo os sintomas para o consciente e, consequentemente, tudo o que vem com um ataque ..... Felizmente, existem muitas técnicas eficazes capazes de travar um ataque de pânico nos seus rastros. Abaixo, aprenderá algumas das melhores técnicas que pessoalmente me ajudaram incrivelmente quando passei por este inferno. Depois de sofrer de ansiedade durante 10 anos e de ter experimentado muitos métodos de cura, na minha opinião, estas técnicas que aprenderão são as melhores que conheço no mundo. Espero que as ponha em prática e que elas o ajudem.

A técnica de não respirar naturalmente num ataque

Uma vez que tenha caído num ataque de pânico, sabemos por experiência que não vai parar em 10 ou 15 minutos se não fizermos nada, mas ao aplicar esta técnica vamos pará-lo... esta técnica é simples, consiste basicamente em apoiar a nossa respiração tanto quanto possível... Aprendi esta técnica em Kalsubai Índia quando estava à procura de formas de me ajudar quando fiz um retiro sabático, e acredite que a encontrei. Uma vez que a aprendi depois de a praticar durante 7 dias com o meu professor, o ataque de pânico veio mesmo no meio de uma reunião de amigos num restaurante italiano. E sabem que mais? Realizei-o tal como o tinha aprendido e o resultado foi maravilhoso, algo que nunca me tinha acontecido antes com tantos métodos.... Se acontecer, o que certamente acontecerá com toda a sintomatologia ou parte do que já leu acima, a primeira acção que deve fazer independentemente dos tremores musculares é: com as duas mãos a tapar a boca e o nariz o mais apertado possível... mesmo que sinta vontade de morrer nesse momento, sabe que é um ataque de pânico, e não morrerá apesar do forte bater do seu coração ou da incerteza e angústia do medo de morrer de qualquer coisa.

Não deve abrir a boca durante 10, 20, 30, 40 segundos... mesmo que sinta falta de ar, não deve abrir a boca, deve continuar a aguentar... Quero ser reiterativo, não deve tirar as mãos durante pelo menos 45 segundos. Asseguro-vos que nada vos acontecerá e que o vosso ataque de pânico e tremores desaparecerão pouco a pouco.

Se os tremores ainda forem muito fortes, respirem fundo e cubram novamente a boca e o nariz com as mãos por mais 30 segundos ... após 60 a 80 segundos do início do feroz ataque de pânico começarão a sentir como os tremores por todo o corpo, especialmente nos braços, começarão a diminuir gradualmente, e a vossa ansiedade e medo começarão a desaparecer. Isto deve-se ao baixo nível de oxigénio que inalou e assim baixou no sistema nervoso central. Por natureza, o sistema nervoso central envia impulsos eléctricos a todo o sistema nervoso muscular, fazendo com que este comece a relaxar no local e pela lógica de que a acção produziu uma reacção fisiológica de paz e tranquilidade, e de novo devolvendo-lhe a respiração e a calma mental.

Esta técnica é simples, felizmente funciona na maioria das pessoas, 8 em cada 10, pelo menos essa é a percentagem nos centros de saúde mental onde é utilizada. É uma das técnicas mais eficazes que existe e da qual a maioria das pessoas não tem conhecimento. Lembre-se então, deve praticá-la antes e fazê-lo de uma forma calma e consciente. Se não estiver habituado, deve tentar suster a respiração durante 20 segundos primeiro e aumentá-la gradualmente para 40 ou 60 segundos. Inspire e exale o ar lentamente... à medida que aprende, será incrível a paz de espírito que a sua prática também lhe deixará. Uma semana será suficiente para controlar a sua respiração e aguentar talvez 60 segundos, mas o óptimo é 40 segundos para que seja eficaz. Acreditem, fiz isto na altura e o ataque de pânico mesmo no meio de reuniões sociais desapareceu.

Lembre-se de levar sempre consigo o cheiro de lavanda. É um dos mais conhecidos no mundo da ciência como um potente agente calmante para o nosso sistema nervoso central, capaz de ajudar a diminuir a ansiedade e os ataques de pânico. Por isso, uma vez que sinta começar um ataque de pânico, deve esfregar imediatamente óleo de lavanda perto do seu nariz e pescoço, desta forma começará a relaxar até ficar completamente calmo dentro de alguns minutos. É também altamente recomendável beber chá de lavanda. Embora, deve ser mencionado que o especialista em perturbações de pânico é o psiquiatra ou psicólogo, e pode ir ter com eles e eles serão de grande apoio no processo de cura.

Técnica do riso louco

Consiste basicamente em começar a rir como se estivesse louco se estivesse em casa, se estivesse rodeado de pessoas a tentar sair de lá e fazê-lo na casa de banho. Pode ser-lhe difícil assimilar quando o lê, mas lê-se bem. Especialistas em terapia cognitiva e saúde mental em todo o mundo começaram a empregar a técnica pioneira do psicanalista Markus Global, que nomeou o DESCONCERTADO OU CRAZY LAUGHTER como uma técnica revolucionária com resultados impressionantes para pessoas que sofrem de distúrbios de ataque de pânico. Quando uma pessoa começa a sofrer de um ataque de pânico, num centro de saúde mental ser-lhe-ia pedido para não ter medo e começar a rir especificamente em voz alta, tal como se fosse louca. E obviamente, isto é seguido das palavras que nada acontecerá, que é apenas um ataque de pânico... visivelmente, é uma risada agida, mas dentro da nossa mente faz com que o nosso sistema nervoso central esteja errado ou pelo menos confuso. Esta técnica impressionante e simples é mais eficaz se o doente estiver com alguém em quem confiam que o encorajará a não acontecer nada enquanto riem em voz alta tentando confundir o seu sistema nervoso e assim abrandar e parar o ataque de pânico.

Os peritos em saúde mental descobriram que quando um indivíduo sofreu um ataque de pânico e imediatamente começou a rir e a concentrar-se nele, o ataque de pânico e todos os seus sintomas desapareceram dentro de 2 a 3,5 minutos após o seu início. E isto deveu-se principalmente ao facto de que ele desviaria a sua atenção das sensações fisiológicas do problema, e como consequência o seu cérebro, que controla o sistema nervoso, diminuiria progressivamente os impulsos eléctricos do sistema nervoso para o corpo, diminuindo incrivelmente o desconforto. Vale a pena mencionar que esta técnica revolucionária ainda está a ser investigada, mas é de notar que, pessoalmente, foi uma das melhores que usei e ajudou-me incrivelmente. E está a ajudar milhares de outras pessoas neste momento.

Ainda me lembro daqueles momentos em que tive um ataque de pânico feroz a meio da noite, e graças a esta técnica consegui controlá-la e eliminá-la em poucos minutos. E era tão fácil, apenas no meio do meu próprio medo começava a rir como louco, sim, como louco, e repetia para o meu subconsciente frases de auto-afirmação, "que não podia vencer-me, era mais forte..." que ficava feliz apesar desses desconfortos seguidos de muitas mais frases positivas... embora pareça absurdo e estúpido, impressionantemente desapareceu... por isso, quando um ataque de pânico o visitar novamente, não se esqueça de rir como louco, quanto mais alto, melhor. Ri-te e diz-lhe que o amas, que ele não é páreo para te bater. Acreditem, quanto mais o fizerem todos os dias, à medida que o tempo passa, mais desaparece. Mas é preciso notar que primeiro tens de aprender a rir, e isto é logicamente conseguido praticando... Tenta rir nesse momento caótico em que o medo te toma conta, como se algo engraçado estivesse a acontecer... Sei que é muito fácil de dizer, mas sofri com isso e na altura é difícil pô-lo em prática, mas o primeiro passo é esse: fazê-lo, e é um passo para a tua vitória. Se aprenderem a rir alto e com firmeza, garanto-vos que nunca mais terão medo de ter um ataque de pânico. É engraçado como esta técnica baseada na confiança a derrota.

Técnica do chili Habanero

Vai achar incrível, e sim, pode não ter ouvido falar desta técnica. Embora seja chamada de maneiras diferentes na Índia, nem todas utilizam a mesma especiaria, mas é uma das melhores. Devo dizer que esta técnica não é a solução definitiva, como é para desenraizar a ansiedade, mas ajuda e posso dizer que é uma das mais poderosas no momento, e é simples porque a especiaria causa a libertação de uma grande quantidade de hormonas de felicidade que interrompe o estado alterado da mente e do sistema nervoso, provocando o seu regresso ao seu estado natural. Portanto, esta técnica é super simples de fazer... Lembro-me de a utilizar em várias ocasiões quando estava a ter ataques de pânico e era uma das minhas favoritas devido à sua eficácia. Quando estava a ter um ataque de pânico cheio de tremores e medos incontroláveis, mastigava um habanero verde e imediatamente o poder picante do habanero fazia-me começar a suar e a sentir-me quente, e depois fazia-me cuspir para fora. Idealmente, continuaria a mastigar durante 20 segundos. É uma degustação muito forte e quase impossível de resistir. Isto pára o ataque de pânico numa questão de minutos se, ao contrário das técnicas acima referidas, com a comichão, o único efeito secundário é suportar o picante na boca. Não deve engoli-lo, mas apenas mastigá-lo durante 20 ou 30 segundos contendo a sua comichão extrema, e depois enxaguar com água e suportar para dissipar a sua comichão, mas nesse tempo fará efeito libertando o nosso cérebro grandes quantidades de hormonas que em breve o farão acalmar o ataque de pânico .... algo a dizer, é que se quiser usá-lo na rua ou quando sentir que pode ter um ataque de pânico; mastigue-o, mas leve sempre consigo uma boa garrafa de água, porque embora possa tirar um ataque de pânico rapidamente se não levar água suficiente, a comichão é muito poderosa, e se não estiver habituado a ela sentir-se-á horrível...

Incríveis exercícios anti-ansiedade

Sei que se sofre de ansiedade, a última coisa que provavelmente quer fazer é fazer exercício. Contudo, deixem-me dizer-vos que a actividade física é uma das melhores, sim lêem isso bem, uma das melhores formas de vencer este demónio da ansiedade generalizada. Estar fisicamente activo está cientificamente provado para prevenir centenas de doenças crónicas degenerativas e dá-lhe uma sensação de bem-estar e paz de espírito. Para além de evitar que retroceda, se já tiver dado alguns passos, ajuda-o de modo a que, se voltar, esteja com menos força. Mas pode estar a perguntar-se, é verdade? Bem, claro que é, e aqui está a razão.

- Ao libertar diferentes tipos de hormonas, tais como hormonas endógenas, endorfinas, serotoninas que produzem um elevado estado de bem-estar em toda a nossa mente e corpo. Todas estas diferentes hormonas são libertadas na nossa corrente sanguínea quando nos exercitamos, produzindo efeitos semelhantes aos de algumas drogas. Por outras palavras, sensações de bem-estar, mas obviamente sem os danos causados pelos fármacos.

- Quando exercitamos diariamente, eliminamos da nossa mente todas aquelas ansiedades e preocupações que se acumulam.

Mas sabendo quais são os benefícios para os distúrbios de ansiedade, pode perguntar-se por quanto tempo é aconselhável fazer exercício?

Tempo recomendado

Segundo um estudo recente realizado no Oxford Research Institute, uma experiência de 7 meses com mais de 1000 participantes descobriu que 20 minutos por dia de actividade física de qualidade poderia reduzir de forma impressionante uma grande parte da sintomatologia ansiosa. Tais como ansiedade, ataques de pânico, insónia, que tendem a ocorrer mais à noite. Como facto adicional, sugerem que o exercício não deve ser tomado como uma tarefa obrigatória, mas, pelo contrário, deve ser desfrutado como mais uma das nossas actividades diárias, tais como o pequeno-almoço, o banho, etc.

E se o fizer com essa atitude será muito mais fácil sair e lidar com uma condição tão irritante, e isso desenvolverá força e auto-confiança, bem como aumentará o seu sistema pulmonar e cardíaco, fazendo com que a asfixia constante e a falta de ar devido à ansiedade diminuam ou, como no meu caso, desapareçam graças à actividade física. Agora sabe em traços largos os benefícios do exercício, pode estar a perguntar-se, mas será bom algum exercício ou existem exercícios específicos? Bem, qualquer actividade física é recomendada, mas de acordo com três dos melhores institutos de saúde do Canadá, EUA e Reino Unido, tais como Youhealth, Manhardunite e Sumbert, concordaram que pelo menos 92% dos indivíduos estudados em ensaios controlados que se submeteram a correr ou a caminhar com baixo impacto durante pelo menos 30 a 40 minutos por dia tiveram uma redução impressionante de quase 90% dos seus sintomas.

Em segundo lugar, o ciclismo moderado, que conferiu pelo menos 75% de melhoria, e em terceiro lugar, o desporto da natação com resultados impressionantes de 73% e uma notável melhoria do humor. Vale a pena sugerir que, independentemente do desporto que escolher, o indivíduo que sofre de distúrbio de ansiedade generalizada deve escolher a actividade física que realmente lhe é apaixonante e não se deixar levar por este estudo que, embora seja muito completo, se for forçado, não obterá resultados... porque, se for forçado, mesmo que seja um exercício que liberte as hormonas da felicidade, no final o subconsciente vai tomá-lo como uma tarefa aborrecida e cansativa, e em vez de os ajudar será o contrário: frustração e desconforto muscular.

Desconforto muscular

A sobrecarga do nosso sistema muscular causada por distúrbios de ansiedade é muito comum, e geralmente causa grande desconforto devido a dores, cólicas, desconforto, sensações de calor e frio e dores agudas na nossa zona do pescoço e ombros, e na maioria dos casos causa dores de cabeça graves durante semanas e baixa energia acompanhada de sonolência. Uma das melhores práticas para a prevenção e cura destes desconfortos é a prática diária de alongamentos, que é exclusivamente derivada do yoga e é a mais utilizada por especialistas, particularmente para este tipo de condições. Porque oxigena todo o nosso sistema músculo-esquelético numa questão de minutos, trazendo bem-estar imediato a essa área. Se quiser aprender apenas a navegar na Internet e procurar técnicas de relaxamento corporal com o yoga. Há milhares de vídeos sobre este ponto que lhe levarão 10 minutos por dia a fazer. Devo acrescentar que algo que é realmente bom e que ajuda muito são as massagens como complemento a qualquer tratamento que se faça contra a ansiedade, porque ajudam a libertar toda aquela energia acumulada em áreas como o pescoço e os ombros que quando se move com a massagem sente imediatamente relaxamento e bem-estar imediato. Basta pedir a um membro da sua família para massajar a parte superior das suas costas e pescoço em círculos no sentido contrário ao dos ponteiros do relógio. Também pode pesquisar na Internet como massajar por ansiedade e stress e encontrará centenas de vídeos com os quais poderá aprender uma nova ferramenta que o ajudará a superar e controlar alguns dos sintomas do stress.

Insoménia global ser able to sleep e não sujeitar da sondagem que o dia é breaking

Ter insónia é uma das coisas mais horripilantes que se pode ter se se acrescentar a ela o medo de não conseguir dormir. A insónia é basicamente não conseguir dormir, mesmo que se esteja cansado e queira, não se consegue adormecer e normalmente passamos muito tempo a atirar e a virar na cama com o cérebro muito activo e isso é um produto da mesma ansiedade e em muitos casos de ter medo de não conseguir adormecer e de olhar para o relógio e ver as horas passarem e a luz do dia chegar ... é um medo que muitas pessoas têm ...

A insónia é sofrida por pelo menos 67% de todas as pessoas que sofrem de ansiedade moderada ou crónica, e esta perturbação, juntamente com ataques de pânico e angústia mental, é um dos sintomas mais assustadores para aqueles que sofrem desta condição. Independentemente da causa principal, 88% das insónias são directa e indirectamente causadas pela perturbação generalizada da ansiedade (tag). Felizmente, existem alguns métodos e técnicas eficazes que podemos empregar e terapias que podemos tomar para nos ajudar a ultrapassar esta perturbação que na maioria das pessoas se torna tão frustrante e debilitante que causa suicídio em pelo menos 7 em cada 100 pessoas. Assim, agora que têm uma imagem clara, vou mostrar-vos o que não devem fazer antes de tentarem dormir.

- Se sofremos desta doença, temos sempre de ir dormir ao mesmo tempo, se é sempre às 9 horas, porque é assim que programamos o nosso relógio interno e se o fizermos desta forma ele irá ajustar-se naturalmente e, portanto, irá secretar as hormonas vitais para que possamos adormecer. Assim, sempre à mesma hora, a hora recomendada é sempre às 8:30, o mais tardar às 10 não mais.

- Não consumir comida extra durante a noite. Uma recomendação específica é evitar a todo o custo os alimentos e produtos tais como: alimentos açucarados, pastelaria doce, alimentos muito gordos, alimentos muito picantes, doces, que são normalmente muito difíceis de digerir e, portanto, mais difíceis de adormecer porque elevam e saturam o nosso funcionamento digestivo e metabólico à noite, fazendo-nos perder horas a jogar e a virar. Portanto, cuidado! Não deve comer estes alimentos depois das 19 horas se sofrer do problema.

- Ajuste um padrão mental pelo menos 15 minutos antes de ir para a cama, tais afirmações ou pensamentos têm de ser positivos, tais como ouvir as suas 3 canções favoritas o mais relaxante que tem para estimular os seus sentidos sensoriais ou talvez, podem ser algumas dezenas de belas imagens de paisagens relaxantes que ajudarão o seu subconsciente a tomar esses impulsos visuais e a enviar uma resposta positiva, ou através das sensações que pode fazer meditação pelo menos 10 minutos antes de ir dormir. É um dos melhores hábitos que se pode fazer.

- Tente não dormir durante mais de 25 minutos durante o dia para que o sono não escorregue à noite e o deixe mais ansioso.

- Deixe o seu telemóvel noutra zona da sua casa, não o leve para o seu quarto ou, se o levar, desligue-o! Além disso, nunca use o seu telemóvel uma hora antes de ir para a cama.

- Tente manter o seu quarto livre de ruídos incómodos, por isso cubra o máximo possível de ruídos, janelas, portas, etc. Além de manter o seu quarto na escuridão total, o que é essencial para que o seu hipotálamo comece a libertar as hormonas do sono e comece a perceber essas sensações antes de dormir.

- Fundamental, não se esqueça de tomar sol pelo menos 30 minutos por dia, pois é muito importante para uma qualidade óptima de sono repousante.
- Não coma doces com duas horas de antecedência porque eles impedem-no de dormir.

Quando se começa a mudar os hábitos para bons hábitos, é tempo de começar com a técnica que mais me ajudou naqueles momentos escuros em que não conseguia dormir, e chorava porque não conseguia dormir. Esta técnica é conhecida por diferentes nomes em diferentes centros de saúde em todo o mundo, mas neste guia vamos chamar-lhe relaxamento pós-sono.

✓ 35 minutos antes de ir dormir, deve ir para o seu quarto sozinho. Não se esqueça que tem de ter uma cadeira ou poltrona confortável em frente a uma fotografia ou foto relaxante, mas tenha cuidado! Não deve ser do seu telemóvel ou computador, deve imprimir pelo menos 3 fotografias a cores e colocá-las no seu quarto à sua frente. Esta paisagem deve ser algo realmente belo, recomendo paisagens harmoniosas que incutem paz. Pode prendê-la ao muro com cola ou fita adesiva, para que possa observar a paisagem confortavelmente.

✓ Uma vez confortável e sentado com a postura correcta com as costas direitas em frente à paisagem, nesse instante tem de se imaginar a fazer uma imagem mental de si mesmo dentro da paisagem, imaginando que existe dentro desse mundo à sua frente e no qual tem paz de espírito, enquanto desfruta de um passeio por esse maravilhoso lugar, seja o mar, uma bela tarde ou um passeio pela floresta... Sente-se que respira a frescura do ar e este atinge o seu rosto fazendo-o sentir-se mais sereno, enquanto à sua volta se ouve o canto de todo o tipo de pássaros e adorna todo o ambiente paradisíaco em que caminha alegremente... Neste momento deve tentar com a sua imaginação criar todas as gamas de sensações fisiológicas, como se o pudesse sentir de verdade. Neste ponto, enquanto olha para a maravilhosa paisagem calma que tem à sua frente...

Uma vez executado este exercício mental durante pelo menos 20 minutos, deverá fechar os olhos e inalar tão profundamente quanto os seus pulmões o permitam, e uma vez feito, mantendo os olhos fechados, terá de recriar a mesma paisagem que acabou de realizar, mas sem ver a imagem. Desta vez tudo estará na sua mente... algo a mencionar é que nunca deverá parar de respirar tão lentamente quanto possível sem forçar, mas com fluidez.

Depois de toda a cena ter sido interpretada na sua mente, deve dizer a si próprio com voz firme e com confiança resoluta: "esta noite dormirei tão calmamente, cheio de paz depois de ter caminhado por aquela paisagem pacífica que me deu tranquilidade na alma: "dormirei calmamente, depressa e sem medo porque sou feliz....". Algo muito importante é que não se deve esquecer de o repetir durante pelo menos 10 minutos, se o fizer diariamente esta mensagem positiva desenhará automaticamente um padrão mental no seu subconsciente e, de alguma forma, obedecerá à reprogramação de um novo padrão e à eliminação do antigo que tinha, e produziu tudo quando adormeceu e não conseguiu isso quando quis dormir, porque a sua mente estava activa e inquieta com pensamentos transbordantes. Esta técnica simples mas poderosa começa a dar resultados nas primeiras 10 sessões, ou seja, se o fizer diariamente após 10 a 15 dias, começará a ver resultados incríveis na forma como a sua ansiedade diminui...

Assim que tiver terminado de dizer a si próprio: "esta noite vou dormir como nunca antes na minha vida cheia de paz e tranquilidade, a próxima coisa a fazer é entrar num estado de relaxamento profundo com a seguinte técnica, que se chama respiração caduca, que consiste basicamente em cortar a respiração durante 13 segundos e depois respirar durante 13 segundos..... e fá-lo-á durante um período de pelo menos 2,5 minutos... esta técnica faz com que o seu sistema nervoso envie sinais directos à sua glândula pineal, fazendo com que esta produza e segregue o conjunto de hormonas para poder entrar nas fases anteriores à queda em sono profundo. Quando tiver feito exactamente o que aqui descrevi, deve ir para a cama com a mente em branco, ou seja, não deve dar lugar aos pensamentos negativos que teve antes e que não seria capaz de dormir. Deve rejeitar todo esse tipo de pensamentos, e só deve fechar os olhos e pensar em descansar... Estou totalmente convencido de que se o fizer como o explico aqui, dará um passo vital na sua qualidade de vida em direcção à cura da sua desordem.

Os chás de ervas mais eficazes para a insónia induzida pela ansiedade

Chá de lavanda: É considerado uma das plantas mais eficazes e poderosas para reduzir a ansiedade. E é amplamente utilizado para ajudar a dormir em distúrbios de insónia. Escusado será dizer que contém numerosas propriedades indutoras do sono, além de ser um poderoso regulador do sono. A dose mais precisa é uma infusão 50 minutos antes de adormecer, e recomenda-se o seu consumo pelo menos 5 vezes por semana.

Chá valeriano: especialmente utilizado para reduzir e acalmar os nervos de ansiedade. A dose recomendada é de 2 infusões 45 minutos antes de ir para a cama.

Chá de maracujá: uma das ervas mais utilizadas para apoiar o tratamento dos sintomas de insónia, a dose recomendada é 2 infusões 1 hora antes de ir para a cama.

Chá de Linden: esta planta maravilhosa é um dos melhores chás para adormecer graças ao seu poderoso efeito sedativo, pelo que as suas propriedades são amplamente utilizadas para acalmar a ansiedade crónica e o stress, bem como para ajudar em grande medida a adormecer rapidamente após uma hora de consumo. Graças ao facto de actuar principalmente ao nível do nosso sistema nervoso central. As suas propriedades antiespasmódicas também ajudam a acalmar dores como cólicas menstruais e dores de estômago. A dose recomendada são dois saquinhos numa infusão com 200 ml de água. Levar à ebulição e pronto a ser consumido. A hora é uma hora antes de ir dormir.

Chá Rooibos: é considerado o melhor chá para insónia naturalmente. É uma combinação que actua exclusivamente sobre o nosso sistema nervoso periférico e central ajudando a equilibrá-lo, portanto, ajuda a regular o relógio biológico e a adormecer imediatamente. Infusão recomendada: dois saquinhos 45 minutos antes de adormecer.

Chá de camomila: os remédios caseiros sempre foram e serão sempre uma das melhores opções que temos à nossa disposição para acalmar qualquer condição que nos preocupa, especialmente para a insónia e ansiedade; camomila. Esta erva, graças aos seus potentes elementos, é uma das favoritas e mais usadas para a ansiedade. Mesmo antes de ser estudada em laboratórios e aprovada, esta planta já era considerada uma erva com propriedades calmantes do seu cheiro suave e delicioso que emite naturalmente uma certa tranquilidade e ajuda a trazer a calma.

Os seus poderosos antioxidantes tornam-no sonolento, e é por isso que é tão altamente recomendado. Se o utilizarmos juntamente com os exercícios que já mencionei, fará maravilhas para si. A forma mais recomendada é na infusão e o bom é que o pode encontrar em quase todos os supermercados do planeta. Os produtos de aromaterapia que incluem camomila também são recomendados devido ao seu aroma, instila a paz e por isso diminui a ansiedade.

Para além de ajudar a manter-nos relaxados, a camomila é um poderoso aliado para dores de estômago e desconforto, bem como para uma boa digestão, além de ser um poderoso anti-inflamatório durante os períodos menstruais. É também um regulador natural do sono.

Não há dose específica para todos, mas a mais recomendada seria dois sacos de chá de camomila numa grande chávena de chá uma hora antes de se deitar. Uma chávena de chá por dia é recomendada para as pausas de sábado e domingo.

Chá Ashwagandha: é um dos antigos chás de ervas da Índia tomados exclusivamente para aliviar o stress e a ansiedade, além das suas propriedades relaxantes para induzir o sono. Uma infusão 45 minutos antes da hora de dormir é a dose recomendada.

Note-se que pode fazer combinações sem exceder três saquetas por dia em duas, desde que esteja saudável e não tenha quaisquer doenças cardiovasculares, renais ou hepáticas.

Passiflora: esta é uma das melhores infusões porque actua exclusivamente no nosso sistema nervoso e tem propriedades analgésicas sedativas. A dose é duas saquetas em 250 ml de água uma hora antes de ir dormir.

Chá de lúpulo: ideal para uma rápida noite de sono. Embora não seja tão bem conhecida, esta planta maravilhosa encontra-se em algumas zonas da Europa Oriental e tem um sabor amargo, mas delicioso. Tem efeitos sedativos no nosso sistema nervoso, e acalma rapidamente a ansiedade, o stress e os sintomas musculares. A dose recomendada são dois sachês em 300 mililitros de água uma hora antes de ir para a cama.

1

Consegui curar-me completamente desta desordem... Estou 100% certo de que tu, sendo como eu, podes fazer o mesmo: sair deste inferno que te pode ter atormentado durante anos. Estou certo de que não estás a ler este guia como um passatempo, mas sim porque queres realmente estar em paz. Comecei a fazer este guia há alguns anos atrás para partilhar a minha experiência e ensinar-vos algumas das coisas que me ajudaram a sair dele, porque desejo de todo o coração que muitas pessoas que estão a sofrer neste momento saiam dele. E não estão a desperdiçar anos da sua vida confinadas em casa ou com esse medo de não conseguirem dormir ou de estarem ansiosas. Sei o que é vivê-lo todos os dias e também na minha experiência sei como eliminá-lo, porque para além de mim centenas de pessoas fizeram-no da mesma forma que eu. Estando consciente de que, como em tempos sofri com isso, sei que agora milhões de pessoas estão no abismo a sofrer desta desordem, e é por isso que quero que façam tudo o que exponho neste guia.

Após a minha cura com algumas técnicas mentais eficazes e após algumas semanas de reflexão, decidi dizer à minha família que ia fazer um pequeno livro sobre a minha experiência e como consegui primeiro controlar a minha ansiedade e depois eliminá-la. No início, muitos dos meus familiares ficaram surpreendidos como eu, um comandante de forças especiais, tinha sofrido desta angustiante condição, e que só pensam que pessoas de carácter fraco a podem ter, mas isso está longe de ser verdade.

Não o fiz por razões financeiras, pois, sinceramente, não preciso dele. Escrevi-o com o propósito de ajudar realmente todas aquelas pessoas que realmente sofrem e choram esta maldita condição, como sempre um gatinho disfarçado de monstro inofensivo, mas ao mesmo tempo destruindo pouco a pouco a sua vida. É de notar que com as técnicas anteriormente mencionadas e a meditação guiada pode curar naturalmente a sua ansiedade numa questão de meses, e ultrapassá-la, estou certo de que para sempre.

Tudo o que deriva de ansiedade generalizada e ataques de pânico não é mais do que um grito de ajuda do nosso próprio subconsciente. Para ser mais claro, está a levantar a sua voz para que faça uma mudança na sua vida, nos seus comportamentos e hábitos, e para que volte ao equilíbrio antes que algo o desequilibre. Algo que eu gosto sempre de salientar é que se quiser, como primeiro passo, pedir ajuda profissional e especializada, este livro em momento algum o encoraja a não pedir ajuda, pelo contrário.

Tem de ser muito claro que não vai enlouquecer se sofrer ataques de pânico constantes ou todos os sintomas da etiqueta. Só porque um especialista de saúde o diagnosticou com a doença, de forma alguma significa que passará o resto da sua vida com ela, mas pelo contrário, deve ter essa motivação e fazer as técnicas que veremos mais tarde. Compreendo que pode ser um pouco irritante e angustiante esses momentos de desrealização ou despersonalização ou angústia nocturna, mas deixe-me assegurar-lhe que, mesmo que a sua mente pense que vai morrer, nada lhe acontecerá, em breve passará, terá fé; eles passarão. Uma noite sem dormir não vos matará, nem um ataque de pânico. Entre nas técnicas abaixo indicadas, que é o último passo para a sua paz interior.

A minha história de como a consegui vencer - senti a mesma dor que tu

A ansiedade é um estado alterado da nossa consciência que nos rodeia de angústia e medo e nos impede de viver em paz e nos tira a felicidade, e o pior é que leva anos, se não por vezes uma vida inteira. Conheci pessoas que estiveram neste inferno toda a sua vida e nunca foram felizes. Como Mark Phus, um psicanalista, costumava dizer: "se nunca nos atrevemos a dar esse passo por causa da ansiedade, só viemos a este mundo para ter más experiências e não viver realmente a vida que é". Da mesma forma que está a soluçar sobre a sua condição neste momento; eu era assim antes de ter conseguido encontrar a solução. Por isso, reitero: há esperança. Não perca a fé.

Já passaram alguns anos desde que estive no abismo, e hoje posso dizer com orgulho que sim, mesmo como militar de elite tive ansiedade e chorei à noite de medo... Digo-o com total aceitação, não como aquelas pessoas que não querem dar o passo de o aceitar por medo das opiniões da família ou dos amigos e ser rotuladas como fracas. Mas lembrem-se, é a vossa vida, é a vossa felicidade que está em jogo.

E sim, talvez na altura eu não o tenha aceite totalmente por causa da minha posição militar e por ser julgado medroso ou fraco. Além disso, a minha posição estava em risco. Sofria de todos os sintomas de ansiedade até aos ataques de pânico. Tais como pensamentos negativos transbordantes, dormência nos braços, pernas e metade do meu rosto, noites sem dormir, medos infundados, uma angústia mental de pecado que me fez pensar no suicídio porque a culpa era estratosférica, pensamentos de blasfémia, vazio existencial, frustração, medo da morte de familiares próximos, pensamentos catastróficos futuristas, sentimento de irrealidade, sensação de que o meu corpo estava a sair de mim: despersonalização, medo de morrer de ataque cardíaco devido a taquicardia, etc.

Talvez esteja a ler este guia porque quer ajudar alguém próximo de si, ou simplesmente deu esse passo para finalmente sair do seu inferno e voltar a ser feliz, e isso é algo que merece os nossos sinceros parabéns.

O que a ansiedade generalizada faz é arrancar-lhe a felicidade e escravizá-lo ao que quer que os seus medos ou fobias ditam..... Talvez esteja apenas a começar ou esteja há alguns anos e não queira ir a esses extremos ou continuar a sofrer, por outras palavras, mais fácil de compreender; quer curar-se agora. Felizmente, é possível, tal como o fiz há alguns anos atrás. Porque é que digo isto com tanta certeza, podem perguntar? Porque sofri de uma das mais brutais ansiedades que alguém pode ter e saí vitorioso após alguns meses a tomar o método como um todo que aqui explico, e agora sou alguém cheio de paz e felicidade, sem insónias ou ataques de pânico. Talvez seja um pouco repetitivo, mas deve fazer exactamente o que aqui menciono, mesmo que pense que é um disparate, porque se o fizer com fé: vai curar-se. Agora vou começar desde o início:

O meu inferno começou em 22 de Dezembro de 2000 durante umas férias na Suíça. Antes de ir para a Europa, tinha estado nalgumas partes do mundo a conduzir treino de elite das forças especiais, por isso tinha tido um ano cheio de desafios algo simpáticos na minha vida profissional... até que naquele hotel de luxo onde eu estava hospedado e a gozar o meu descanso ela veio um dia, sim. Uma ansiedade do caraças.

É bem conhecido entre os profissionais de saúde mental que um ataque de pânico ocorre geralmente quando um indivíduo está mais feliz. E posso confirmar que isso me aconteceu da mesma forma. Como vos dizia inicialmente, estive em Genebra, Suíça, depois de um belo dia a desfrutar de alguns dos pontos de referência e atracções turísticas da cidade. Tarde da noite, quando me preparava para descansar, porque estava a planear continuar a explorar a cidade, aconteceu de um segundo para o outro; uma pequena voz dentro de mim activou-se e chamou-me Simmons, naquele momento a primeira coisa que pensei foi que tinha comido má comida e estava a alucinar, mas como estava extremamente exausto e sonolento, pensei que era tudo imaginação minha, por isso ignorei-a e adormeci completamente. Por volta das 2 da manhã acordei e saltei da cama com um começo cheio de pavor. Ainda me lembro de quando abri os olhos no meio da escuridão e o meu peito doía como um aperto e uma falta de ar... um medo passou por mim e eu não sabia o que era, não havia lógica naquele instante sentia-me tão confuso e desesperado que o meu incontável treino militar não tinha qualquer utilidade. Por um instante pensei que ia morrer naquela sala. Isto era algo novo para mim.

Mas isso não era o fim, a pior parte viria mais tarde. Um sentimento de medo brutal tomou conta da minha mente e por vezes pensava que estava a enlouquecer, tinha medo de que, se fosse verdade, faria algo louco e me atiraria do nono andar onde estava. Naquele momento, comecei a chorar e a gritar, e tranquei-me na casa de banho. Naquele momento de medo as minhas entranhas soltaram-se e fiquei com diarreia e vomitei de medo. Dentro do duche, passei a maior parte da noite na posição fetal coberta de toalhas. Houve momentos em que a angústia na minha mente foi brutal, se não mesmo insuportável. A certa altura passou-me pela cabeça afogar-me na banheira, estava a coçar-me e a sensação não desapareceria. No final da noite apercebi-me de que a minha própria mente tinha medo de si própria, isso era algo totalmente desconhecido para mim.

Eu, um comandante de elite decorado das forças especiais no mundo que tinha liderado inúmeras missões em todo o mundo e tinha vivido situações difíceis, fiquei ali a chorar dentro de uma sala, incapaz de controlar um simples medo infundado sem causa aparente da minha própria mente que me barricou por dentro tremendo de medo, e era a ansiedade, aquele gatinho disfarçado de monstro.

No dia seguinte, quando abri os olhos depois de ter dormido algumas horas, caminhei em direcção às janelas daquele quarto luxuoso. Ainda estava a tremer, mas era quase imperceptível devido a todo o stress e medo por que tinha passado horas antes. A minha cabeça ainda se sentia meio confusa como se eu não estivesse na realidade. Olhei para coisas sem a sua cor cinzenta, senti-me muito estranho, é algo que só vocês que viveram através dela compreendem. Alguns minutos acordado, decidi voltar a dormir, rezando para que a sensação desaparecesse assim que estivesse completamente descansado, e que tudo isso fosse o resultado da comida que tinha comido.

Já de manhã não queria dizer nada ao meu companheiro que foi comigo sobre esta experiência desconhecida que eu tinha tido por medo que ele me rotulasse de forma depreciativa como um maricas ou um maricas como os fracos são normalmente chamados no meu mundo. Os níveis dos militares a que pertenci não eram muito toleráveis, e pela lógica não eram permitidos. Porque imagine um comandante a dar esse exemplo, ele seria imediatamente dispensado. Os dias passavam e eu continuava a gozá-los na Suíça Genebra, mas da mesma forma, todas as noites uma série de sintomas da mesma desordem continuava a aparecer em maior ou menor grau, por vezes mais forte, por vezes diferente. A certa altura, causou-me um trauma e um medo no meu espírito que me enfraqueceu e, logicamente, não pude gozar o meu descanso como desejava.

Em casa, os sintomas aumentavam, e as cenas repetiam-se constantemente, o que imediatamente ultrapassou a minha força mental, pelo que não tive outra escolha senão pedir ajuda privada. Cheguei ao escritório daquele especialista cheio de todo o tipo de medos infundados e paranóicos. O médico receitou-me alguns comprimidos pelos quais devia estar grato porque, mais uma vez graças a eles, consegui dormir e a ansiedade desapareceu à medida que tinha chegado. Assim, com um pouco mais de confiança consegui passar alguns dias muito bem e depois desisti dos comprimidos porque me estava a tornar co-dependente, um viciado. Mas infelizmente uma vez que saí dos comprimidos o monstro apareceu novamente como que por magia, mas desta vez já não era o gatinho; era um monstro e desencadeou todos os sintomas que se podia imaginar. Mas de alguma forma eu ainda era teimoso e tentei minimizá-lo com: "Simmons, tu não tens nada, não é a tua medicação, é a tua mente, nada te acontecerá". - Eu repetia a mim mesmo vezes sem conta, mas dizia-o cheio de medo.

Com base na minha compreensão da minha saúde mental, acreditava que estas eram fantasias da minha mente ou um produto do stress e que não me fariam qualquer mal, apesar do quão angustiantes e horrendas eram. Por isso, decidi não seguir o tratamento do médico da saúde mental. Por isso resignei-me conscientemente ao facto de que iria sofrer insónia, ataques de pânico, diarreia, medos, náuseas e desespero que me fizeram arranhar a pele e morder-me à noite de uma angústia obscena.

Agora que olho para trás, percebo que foi um erro ter parado o tratamento naquela altura, porque é para isso que serve a medicação profissional, que de alguma forma ajuda a lidar com os terríveis sintomas, embora não sejam a solução.

Em termos gerais, tudo o que tenho relatado transcreve em síntese o que vivi e o que viveis agora na vossa experiência. Agora a vossa vida é um inferno, eu sei, e é por isso que reitero 100% de certeza de que qualquer tipo de ansiedade e sintomas que tenham, podem curar-se a si próprios. Por isso, se estiver a consultar um profissional de saúde, por favor não pare, pode continuar com eles e com os conselhos que dou neste livro para o apoiar.

Tenho de ser reiterativo nisto e não quero que pensem que o autor que está a escrever este guia está muito longe do que estão a passar. Tenho vivido e conhecido todos os sintomas da ansiedade que sentem e muitos dos que podem não ter sentido, mas que a certa altura, ao longo dos anos, vêm e vão. Por esta razão, o meu desejo é que siga à letra as minhas indicações que aqui exponho de como o consegui fazer. E isso foi em parte graças ao poder do método de objectividade positiva-imaginação. Embora deva ser honesto nisto, não há nenhum método mágico ou tratamento que possa curar a ansiedade da noite para o dia, por isso, se fizer todo o conjunto de dicas delineadas neste livro, talvez ajude 78% das pessoas que sofrem de distúrbio generalizado da ansiedade, mas como sempre disse, se o ajudar de alguma forma; o meu objectivo já foi alcançado.

O poder do nosso subconsciente

Vamos começar pelo nosso subconsciente. Como diz um dos mais prestigiados psicanalistas do planeta, Frander Mrtle, o nosso cérebro é governado por duas partes poderosas, a que governa o nosso eu interior. Em palavras mais simples, a mente consciente e a segunda é a nossa mente inconsciente, que é a zona invisível que está sempre activa, quer durmamos quer não, e que é responsável por todos os nossos processos fisiológicos. Para dar um exemplo, quando estamos a dormir é esta parte inconsciente que é responsável por manter o nosso coração a bater ou todos os nossos órgãos a funcionar, bem como todos os processos que ocorrem a cada segundo no nosso corpo. Mas o seu poder não acaba aí, segundo os neurologistas e especialistas do cérebro humano, a nossa mente consciente tem a capacidade de gerar 44 bits por segundo, mas ao contrário do que a nossa poderosa mente subconsciente é capaz de gerar milhões desses bits por segundo, por isso, se a analisarmos é muito poderosa. E de acordo com algumas experiências realizadas, a nossa mente humana é capaz de gerar quase 75 mil pensamentos por dia, a maioria dos quais não percebemos, e sabe quem os processa a todos? Sim, a nossa maravilhosa mente subconsciente. Porque imaginem se a nossa mente consciente o fizesse, ou seja, o eu interior, ficaríamos literalmente loucos.

Até este ponto, apenas mostrei dados, mas demoro um segundo a reflectir sobre como somos maravilhosos por termos essa parte invisível chamada mente consciente e podem perguntar-se porquê, explico-vos simplesmente. Como leu acima a nossa mente consciente só pode fazer 44 bits por segundo enquanto a nossa mente subconsciente faz milhões, milhares, até milhões de processos biológicos por segundo, mas o espantoso disto é que é a nossa mente consciente, em palavras simples você, que está no controlo da escolha e da tomada de decisões. Da mesma forma que a lua não nos pede permissão para aterrar todas as noites, assim é com o nosso inconsciente, introduzimos pensamentos de todo o tipo e muitas vezes negativos sem nos apercebermos disso. Infelizmente o nosso subconsciente não é livre, apenas está pronto a obedecer ao que o consciente lhe ordena fazer. Quer conscientemente ou inconscientemente. E todos eles tenta fazer como está. Todas as ordens que menciona desde o consciente até ao subconsciente é o que, no final, molda toda a nossa realidade. E da mesma forma que vos exporei, eles dar-vos-iam em qualquer dos melhores centros de saúde mental do planeta como terapia, porque na sua maioria utilizam os mesmos métodos e técnicas, mas por vezes com nomes diferentes porque sabem muito bem que aí reside para poderem derrotar definitivamente a desordem da ansiedade generalizada.

Portanto, é de notar que se mudássemos essa acumulação de pensamentos negativos para positivos e começássemos a enviá-los para o nosso subconsciente, poderíamos, num curto espaço de tempo, reprogramar muitos processos mentais prejudiciais à nossa mente, tais como maus vícios, hábitos prejudiciais e pensamentos negativos, etc. Felizmente, a nossa mente subconsciente é capaz de ser reprogramada tantas vezes quantas desejarmos, por isso não deve preocupar-se demasiado com o seu futuro com ansiedade, porque será capaz de curar.

Pode parecer-lhe uma tolice neste momento, mas a sua ansiedade é quase inteiramente o produto de uma mente subconsciente mal orientada. E, tal como você faz agora, eu costumava viver num tal estado de medo que mesmo à noite arrancava o meu cabelo porque não conseguia dormir, e costumava perder o controlo e gritar. O que quero fazer-vos compreender é que não sois o único; há milhões de pessoas que sofrem o mesmo que vós, mas muitas tentam e são capazes de o controlar ou eliminar, ao contrário daqueles que temem ou acreditam que não há cura. Quero que compreendam que eu estava na mesma situação que vós e que fui bem sucedido. Sim, eu assinalo que não foi fácil, mas não foi impossível. Demorei pelo menos 4 meses a controlá-lo e, após um ano, já fazia parte do meu passado.

Pode ter achado as minhas explicações um pouco enfadonhas e aborrecidas, mas acredite-me, era importante para si saber em traços largos como funcionam as nossas duas partes do nosso eu e como o método de meditação é tão poderoso em ambas as partes: o subconsciente e o consciente para curar rapidamente. Como um facto adicional, está clinicamente provado que tudo o que pensamos na nossa mente consciente é automaticamente transferido para a nossa mente subconsciente e esta última traduze-o como se fosse algo real, e por isso, geralmente envia sempre reacções fisiológicas, gradualmente causando caos no nosso corpo como nervos ou ansiedades.

É por isso que, se directa ou indirectamente dirigir pensamentos nocivos de ódio, ressentimento, inveja, stress, etc., o seu subconsciente irá apanhá-los e talvez meses ou anos mais tarde, em algum momento, começarão ansiedades, fobias e uma vida desequilibrada.

O poder das afirmações

Antes de mostrar a técnica devo dizer que estava totalmente incrédulo a este método que alguns chamam de afirmações, mas rapidamente deixei de o ser quando senti os grandes resultados... Ainda me aprofundei na investigação de temas semelhantes e notei um padrão na maioria dos guias que se referiam ao método sempre o fizeram com ideias semelhantes, mas mencionando os nomes de formas diferentes.

Comecemos agora com aquilo em que está interessado. Talvez conheça a lendária lei da atracção, muito famosa e com resultados surpreendentes. Talvez se pergunte como funciona, bem, funciona com todo o poder dos seus sentidos, sensações e pensamentos. O problema com esta lei da atracção é que normalmente conseguimos sempre atrair coisas negativas à nossa volta, quer sejam maus comportamentos ou pensamentos maléficos aprendidos. Em palavras compreensíveis, tudo o que acontece na sua vida não veio de um dia para o outro, mas atraiu-o com o seu subconsciente e depois vieram os maus hábitos, más práticas provocadas directa ou indirectamente pelos seus pensamentos. Tudo passa pela nossa mente controladora que é a consciente para depois programar o subconsciente que é como o nosso regulador fisiológico de todo o nosso eu. Gostaria de salientar que esta não é uma filosofia barata, isto está cientificamente provado há mais de uma década.

Fecho os olhos e vejo-me no passado, antes da minha ansiedade generalizada começar, e vejo-me com todo o tipo de maus hábitos, apesar da minha disciplina militar, pensamentos nocivos, inveja, toxicidade em todos os sentidos, era merdoso com outras pessoas, ciúmes, e um longo etc... E todos eles juntos foram, ao longo do tempo, directa e indirectamente criando padrões mentais no meu inconsciente até que a certa altura o equilíbrio explodiu e o monstro da ansiedade chegou. E isso acontece em todos aqueles que sofrem desta desordem, muitas vezes não nos analisamos e acreditamos que a nossa vida é normal, e que somos boas pessoas ou que estamos a fazer as coisas bem. Mas é bom analisarmo-nos a nós próprios mesmo quando somos jovens e não parecemos ter grandes problemas. Porque mesmo os adolescentes têm frequentemente ansiedades devido a muitas coisas, incluindo o bullying ou a baixa auto-estima.

As leis que governam o universo não são moralmente boas ou más, mas tudo é governado por uma lei de causa e efeito, e eu compreendi que este era o meu problema; os meus maus pensamentos de todos os tipos estavam de alguma forma a criar frustrações em mim: mau feitio, perturbações e desequilíbrios mentais que atingiram um ponto que não podia sustentar a minha mente e que a libertou causando a minha doença. Quando compreendi tudo sobre a poderosa lei da atracção, não parei e mudei toda a gama de pensamentos nocivos que tinham entrado na minha mente, exclamando durante o dia apenas frases positivas, quando digo que todo o dia foram as doze horas. E fi-lo todos os dias lembrando-me de apenas dizer e tentar fazer cada acção com a melhor atitude para me livrar de todos aqueles maus padrões mentais que de alguma forma estavam directamente relacionados com a minha ansiedade e pensamentos que criam maus hábitos.

No livro de Udany Vaeru New Consciousness to Calm Anxiety pode descobrir belos exemplos deste método de atracção que pode utilizar. Por exemplo, poderás dizer: "Vou fazer-te meu amigo porque já deixaste a minha vida, tal como os teus ataques de pânico que me magoaram muito, hoje estou feliz estou muito feliz mesmo que ainda sinta sensações no meu corpo, sei que em breve não as sentirei, por isso desfrutarei... Amo-me de todo o coração, hoje deixarei de fumar, hoje deixarei de ser infiel, hoje deixarei de andar em bares com mulheres, estou mental e fisicamente saudável porque faço parte do universo..."... todos estes tipos de afirmações positivas têm um poder directo sobre o nosso inconsciente, levando-o a reprogramar-se imediatamente.

No entanto, nunca se deve mencionar no processo de afirmações coisas negativas ou pensamentos ou acções tais como: Sinto-me terrível, sou lixo, não tenho dinheiro, estou farto de não conseguir nada, a minha vida é lixo, estes pensamentos assustam-me, etc. Não devem sequer passar pela sua mente, porque se o fizer de novo estará a acolher ou a permitir que bloqueiem o que está a melhorar com os exercícios, e não irá melhorar. Portanto, não o faça, não pense em pensamentos negativos ou tome acções negativas porque estará a acolher a desordem, que é a única forma que a nossa mente subconsciente tem de libertar toda a tensão emocional acumulada e manifestada no nosso organismo físico.

Assim, comecei novamente o processo de reprogramação, como mencionei. E todas as manhãs quando acordava, a primeira coisa que fazia era dizer em voz alta a mim próprio orações positivas e poderosas que me dessem paz e calma. Algo fundamental a mencionar é que não deve repeti-las como um robô uma vez estabelecidas as afirmações que dirá a si próprio, mas deve fazê-lo com fé e com toda a sua força para que, na verdade, essas orações ou frases poderosas que diz a si próprio possam realmente fazer uma mudança no seu estado mental, e que sejam eficazes para reprogramar o seu inconsciente. Se não estiver tão certo do que dizer a si próprio, deve fazer pelo menos uma lista de 10 afirmações poderosas que pode levar consigo durante a primeira semana e repeti-las todas as manhãs e todas as noites.... pode fazer isto durante pelo menos um mês, mas tenha cuidado! deve mudar os seus hábitos, o seu estilo de vida e a sua maneira de pensar positivamente, nada de negativo, se fizer isto, não precisará de mais ninguém a não ser você mesmo para poder derrotar o monstro.

Apesar do que disse acima, devo ser honesto, este poderoso método de afirmações através da conhecida lei da atracção, embora seja extremamente eficaz em algumas pessoas, os seus resultados não são tão rápidos, mas se tiver um pouco de paciência, o que é uma virtude, verá e sentirá a sua eficácia nas primeiras 5 semanas de ter começado. Pessoalmente, funcionou para mim após 4 semanas, e fi-lo ao desistir de vícios e maus hábitos mentais. .... Em 4 semanas já sentia segurança, tranquilidade, calma, positividade e o mais importante: a felicidade, algo que não sentia na última década.

Esta lei é universal, portanto não importa a época do ano, será sempre eficaz. Claro, é mais lento a produzir resultados, mas porque é uma lei universal que governa a vida, trará cura à sua vida, uma vez que tenha mudado o seu antigo padrão mental para um novo. Com as simples mas poderosas afirmações, a sua vida mudará e a ansiedade desaparecerá sem que se aperceba sequer. A partir de agora, comece sempre a ser positivo. Sim, mesmo que as coisas não sejam boas... pense em coisas positivas como se já estivessem a acontecer na sua vida como se já fossem uma realidade. Se o fizer, independentemente de se tornarem realidade ou não, estará a enviar os seus padrões subconscientes e ordens para se reprogramar a si próprio para um estado de espírito melhor e, portanto, para um novo estado de espírito livre das perturbações irritantes da ansiedade generalizada.

Aqui estão 10 afirmações poderosas que eu fazia todas as manhãs e antes de ir para a cama. Recomendo-lhe que faça as suas próprias, as coisas com que mais se identifica:

1. Simmon, hoje em dia você será feliz, sim muito feliz porquê? porque ainda pode respirar e tem muitas coisas pelas quais lutar e ser feliz.
2. Simmons, eu nunca desistirei, é por isso que sempre sorrirei, independentemente da tempestade....
3. "Simmons já não tem medo do medo, pelo contrário, ele quer ser seu amigo porque em breve irá embora e nunca mais voltará". Ri-se dele e ele vai-se embora quando tem um ataque de pânico. Se rir corajosamente, verá como ele desaparece imediatamente, penso que a fúria nesses momentos faz o medo fugir, sendo forte nesse momento, ter fúria faz qualquer pânico fugir....
4. Acabou-se a vida promíscua, ficarei longe de bares e lugares de vício.
5. Hoje vou correr para as montanhas.
6. Tenho objectivos a atingir e tê-los-ei de bom grado.
7. Sinto-me muito bem.
8. Dormirei sem qualquer medo porque sou feliz sem preocupações.
9. Já não me preocupo com nada, vivo todos os dias.
10. Sou saudável, sou saudável, sinto-me bem ...

Meditação para a ansiedade

A meditação foi uma parte fundamental e essencial da minha cura final, mas podem estar a perguntar-se do que se trata este método eficaz. A prática da meditação é onde se exerce o próprio estado mental. Em palavras práticas, trata-se de não transmitir qualquer tipo de pensamento ao subconsciente enquanto ele é executado apenas sentindo-o naquele estado presente sem o levar para o passado ou futuro. E neste estado a nossa mente, o nosso subconsciente e o nosso consciente podem entrar em sintonia e equilíbrio, e assim acalmar-se e deixar de enviar sensações desagradáveis ao nosso corpo...

A realização desta prática trará sempre bons resultados para toda a nossa saúde e muito melhores para a nossa mente, e isto porque diminui notavelmente os níveis de ansiedade e stress, o que contribui grandemente para a segregação das hormonas da felicidade. Não só tem benefícios para a ansiedade, mas será também como um apoio quando se está a desistir dos vícios e maus hábitos.

Os profissionais de saúde mental têm-no recomendado nos últimos anos como um tratamento alternativo eficaz para se livrarem da ansiedade. Um dos primeiros psicanalistas que o utilizou com sucesso e com 88% de resultados positivos foi Peter Kelt, num dos melhores hospitais dos Estados Unidos. E devido aos seus incríveis resultados, muitos especialistas começaram a usá-lo porque o mesmo reestrutura a nossa mente a um estado anterior nos processos mentais.

Para além do conjunto de técnicas mencionadas nas primeiras secções deste guia que me ajudou e curou, a meditação é também muito importante e costumava fazê-la duas vezes por dia, de manhã e antes de ir dormir, dando-me uma paz incrível. Agora estou em paz e feliz. O bom desta prática é que funciona para quase todos, ou seja, de acordo com o Hehl USA mental de 1000 pessoas que a realizam testemunhou que nos primeiros 2 meses 920 pessoas atingiram uma cura de ansiedade de 70% sem contar o resto dos meses que se seguem, obviamente deve ser mencionado que muitas ansiedades são moderadas e com esta prática poderia deixar a sua vida enquanto outras ansiedades crónicas requerem mais tempo, mas é uma boa maneira de curar.

Agora vou dizer-vos em resumo como vivi a minha experiência com este método. A minha ansiedade era tão brutal que nem sequer conseguia manter os olhos fechados, conhecem os pensamentos intrusivos e todo o tipo de desconforto à noite, mais os pesadelos e os malditos ataques de pânico que me impediram de ter paz de espírito, e nesta fase da minha vida estava apenas a começar a praticar as afirmações. Mas como era novo, ainda tinha ansiedade durante dias ou semanas de cada vez, mas felizmente, nesta fase, fui introduzido à meditação. Ainda me lembro de estar a ver um vídeo sobre o valor das nossas vidas e, de repente, compreendi que todo um aglomerado de emoções veio ter comigo e apercebi-me realmente do que se passava na minha vida. Tinha duas opções: curar de uma vez por todas ou tentar com o que tinha, o que embora as afirmações fossem espantosas, levaria tempo. Portanto, neste ponto é onde se tem de meditar, o que se passa na sua vida, onde está, as afirmações podem curá-lo, mas com a meditação é muito mais rápido.

Nesta fase consegui dormir e manter a minha ansiedade sob controlo quando tive um ataque de pânico, mas obviamente, ainda não estava completamente curado, porque a minha ansiedade, como disse antes, era crónica, mas ainda tinha melhorado incrivelmente com a forma como estava. Queria curar-me completamente, para chegar ao problema. Por isso, embora não o quisesse fazer, comecei a procurar um especialista que me pudesse ajudar com o método de meditação e graças a Deus que a encontrei. Poly foi o meu professor que utilizou o método de meditação guiada com imagens positivas.

Era uma especialista e usava meditação de imagens em todos os pacientes que ajudava. A primeira coisa que ela me dizia era para me sentar confortavelmente no chão, mas pode fazê-lo deitado ou meio deitado. Depois, com a sua voz acompanhada por uma melodia harmoniosa, mergulhava-me num profundo relaxamento. Depois, ditava-lhe que se concentrasse apenas na sua respiração lenta mas profunda, e depois sussurrava-lhe para que sentisse cada detalhe de como controlar cada área do seu corpo enquanto o relaxava, e finalmente levava-o através de uma série de ordens para que desenhasse na sua mente através da visualização o lugar mais harmonioso e pacífico do universo. E alguns minutos depois fi-lo, entra-se num profundo estado de tranquilidade que é difícil de imaginar se não o vivermos na nossa própria carne.

Se o fizer por si próprio, irá visualizar-se na imagem mental da sua escolha, cheio de felicidade e paz... quando voltar a abrir os olhos, algo muda na sua percepção das coisas. Como tudo mais calmo, mais lento, mais positivista e energético.

Ainda me lembro de quando o fiz pela primeira vez. E foi peculiar. Durante os primeiros 15 minutos sentei-me ali apenas a tentar não me mexer, enquanto a doce voz lenta do meu professor me guiava por todo o processo da técnica. Dentro de mim estava a fazer a imagem mental com dificuldade, porque era a primeira vez. Devo dizer que no início não pensei que me ajudasse muito, mas apenas na primeira sessão experimentei aquilo que não experimentava há anos: a paz, aquela paz que nunca pensei que voltaria. E foi obviamente trazida pela meditação guiada com visualização. Só nessa noite, a insónia desapareceu. Fui 4 vezes por semana e a minha cura veio gradualmente ao longo dos meses seguintes. Muitas pessoas são incrédulas e pensam que a meditação é estúpida e vêem-na como uma moda ridícula, mas eu posso confirmar que funciona realmente. Além de estar cientificamente provado que este método de meditação guiada com imagens ajuda a equilibrar o nosso subconsciente desde a primeira sessão. Além disso, dá-lhe grandes benefícios para além da ansiedade, pois permite libertar a energia acumulada nos músculos e ajuda a oxigenar todo o seu corpo e por inércia o bem-estar mental.

A prática diária da meditação permite-lhe eliminar rapidamente os seus medos, e é mais fácil para si controlar os seus ataques de pânico do que se não os conseguir eliminar, se os conseguir controlar rapidamente.

Quando um indivíduo medita, entra num nível de consciência semelhante à energia que flui no momento do sono, com a diferença de que neste estado de meditação deixamos o nosso eu, ou seja, a nossa mente consciente activa e é aí que reside o poder. Que ao fazer isto tornamos possível uma comunicação directa entre o consciente e o subconsciente, transcendental para lhe dirigir ordens e desta forma reprogramá-la por meio de mensagens positivas derivadas das imagens ou mensagens mentais. O incrível nisto é que a nossa mente se adapta a tudo, ou seja, não importa que tenhamos sofrido durante quatro décadas com ansiedade, com a técnica da meditação visualizada guiada seremos capazes de curar rapidamente.

Para lhe dar um exemplo prático de como o pode realizar... se quiser livrar-se de um medo que o faz sofrer, basta fechar os olhos, e lentamente entrar na sua mente para recriar essa visualização com a sua imaginação que lhe está a causar medo, e deve enfrentar esse medo com fé de que não tem medo dele. Algo importante a mencionar, é que deve visualizar aquilo de que tem medo com o maior detalhe possível, imaginando-se realmente nessa cena, lugar, coisa ou situação. O seu subconsciente obedecer-lhe-á à letra cada vez que lhe disser um padrão definido diariamente. Por exemplo: "Já não tenho medo de falar em frente das pessoas, já não tenho medo de que elas pensem o que querem". Nunca mais terei medo, vejo-me livre de ansiedade e de gozar a vida..." Visualizações como estas que deve fazer todos os dias. São tão simples e tão poderosas no seu subconsciente, porque geram novos padrões. E pouco a pouco o seu medo começa a desaparecer, isto aplica-se a tudo, medo, hábito... a nossa mente subconsciente terá sempre de obedecer porque é nossa escrava, isso mesmo, escrava da mente consciente: você.

Deve ficar claro que a paz de espírito nem sempre é alcançada nos primeiros dias, mas há sempre um ponto de partida para a melhoria e o bom é que ela é sempre progressiva até que a cura seja alcançada. Para isso, é necessário ser paciente e persistente, e nunca desistir. Porque, a dada altura, chegará lá. A maioria das pessoas que são tratadas com esta técnica conseguem resultados muito bons desde as primeiras duas semanas, ao ponto de em muitas pessoas a ansiedade e os ataques de pânico desaparecerem.

Muito provavelmente conhece muitas pessoas que lhe são próximas que tudo vai muito bem em todos os sentidos desde o económico, amor, social e parece que nunca têm problemas como você sofre; ansiedade generalizada ou insónia ou distúrbios de pânico e isso deve-se em grande parte ao facto de conhecerem inconscientemente o segredo da mente ou simplesmente estarem sempre a canalizar pensamentos positivos para o subconsciente mesmo tendo maus hábitos, mas são positivos e isso está a obedecê-los em tudo. Contrariamente a eles, há indivíduos que consideram que tudo lhes corre mal em todas as facetas e desenvolvem desordens derivadas da ansiedade, depressão, medos, etc. E isto deve-se principalmente ao facto de terem enviado directa ou indirectamente durante longos períodos de tempo mensagens negativas, hábitos, etc., ao subconsciente, tais como pensamentos pessimistas de pobreza, ódio, inveja, ciúmes, etc., E o nosso subconsciente está concebido para isso; obedecendo ao que o nosso consciente directa ou indirectamente envia e reflectindo as suas ordens no seu corpo, bem como a pobreza física, mental e ansiedades.

Independentemente do que sofreu ou não para ter uma ansiedade generalizada, deve ter em mente que a sua mente consciente ou é o piloto que conduz o volante e que dirige o carro subconsciente, e só pode direccioná-lo para qualquer direcção que deseje. Se enviar uma ordem, ele obedecerá, mas se o deixar tomar o controlo, ele trar-lhe-á muitas complicações tais como: desordens, medos, ansiedades, por isso deve cuidar de tudo o que faz a partir de pensamentos, hábitos, comportamentos.

Visualização para remover a ansiedade

É uma técnica que realmente me deixou sem efeito com a sua eficácia, e trará muita paz de espírito à sua vida. É uma das técnicas mais espantosas por aí e é conhecida como praças de paz. E não é assim tão difícil de fazer. Na verdade, é mais fácil do que se pensa. Num lugar isolado, longe dos ruídos e dos olhares dos outros, deve colocar imagens impressas de acordo com o que deseja alcançar, por exemplo, a paz na sua vida. Assim, deve colocá-las nos lugares onde passa a maior parte do seu tempo, porque dessa forma estará sempre a olhar para elas e a enviar essa mensagem subliminar de paz à sua mente. A ideia aqui é que traga uma explosão de estímulos de calma e tranquilidade à sua mente consciente e subconsciente, ou seja, estímulos directos de paz e harmonia a toda a hora.

Por exemplo, pode ser uma imagem onde se olha para um casal completamente feliz no meio de um campo de trigo, uma família que se diverte no meio de uma floresta. Ou simplesmente uma bela paisagem. Pode pensar que é um completo disparate, mas acredite, a reacção é cumulativa, em breve, em dias, semanas, verá os resultados. De alguma forma, o seu subconsciente continuará a lançar estímulos positivos na sua mente vezes sem conta, e como reacção responderá automaticamente em mudanças positivas em todo o seu organismo, tais como equilíbrio mental, menor ansiedade e desaparecimento de perturbações. E quando pensar nisso, já estará fora do seu pesadelo e só o verá como um passado distante.

Esta técnica é vital para praticar cada vez que se vai dormir. É aconselhável fazê-lo uma hora antes, enquanto o chá da sua escolha está a fazer efeito. Deve entrar nessa imagem mental, seja ela qual for, mas deve transmitir tranquilidade, o que é o mais importante, e deve também analisar a mesma imagem. Acredite em mim, é muito funcional. De facto, os próprios anunciantes levam-na a cabo com um sucesso incrível. Para lhe dar um exemplo. Quando vê um anúncio na televisão ou na Internet e é uma batata frita, é provável que acabe por comprá-lo. Pelo menos 5 fazem de cada 7 que vêem um anúncio. E isso é porque funciona da mesma forma que a técnica que aqui vos mostro. O que acontece é que o nosso eu, isto é, o nosso consciente transmite um sinal de desejo quando vemos as batatas ao nosso subconsciente e isto traduz o impulso e envia a sensação ao nosso organismo de desejo por meio de um desejo disso, e por isso vocês que decidem esse desejo de as comprar ou não no final, acedem. Pelo menos 5 em cada 7 o fazem, e isto porque é difícil resistir ao impulso de comer essas batatas. A técnica funciona da mesma forma. Se dizes à tua mente todos os dias: "Estou feliz, vou curar, estou feliz, vou curar", mas na realidade em acção, fazendo coisas positivas na tua vida, tais como melhorar os teus hábitos e padrões mentais, e em vez de te queixares apenas dos teus medos e angústias vais dar um passeio, fazer algum desporto, ser feliz, etc. Se reestruturar todos os aspectos da sua vida, será apenas uma questão de semanas para alcançar o sucesso.

Quero que seja como o anunciante que faz o anúncio e que dirija ao seu subconsciente pensamentos, hábitos físicos, acções, atitudes positivas de harmonia, paz e tranquilidade, e tudo isto, além de o realizar com pensamentos, tente fazê-lo com imagens de felicidade, paz e harmonia. Também funciona com todo o tipo de estímulos que são agradáveis para si. Por exemplo, sons das ondas, o som da floresta, o som das aves, ou qualquer coisa que seja uma explosão de mensagens de paz para o seu subconsciente e pode reprogramá-lo o mais rapidamente possível e alcançar o equilíbrio desejado, onde os ataques de pânico e ansiedade desaparecem, tal como vieram.

Se a dada altura se perguntar quanto tempo levará para a cura chegar? Deixe-me dizer-lhe honestamente, isso depende muito de quanto está disposto a seguir rigorosamente tudo o que está neste livro. Se o fizer com fé e paciência todos os dias, em menos de 3 meses, estará muito melhor do que está agora. Sinceramente, seria estúpido da minha parte afirmar categoricamente que será curado dentro de uma semana. Tudo requer um processo, mas uma vez que tenha feito as primeiras melhorias; a sua cura está mesmo ao virar da esquina. Não há volta a dar.

Fiz este pequeno guia porque quero realmente que se cure. Peço-lhe que dedique o máximo de tempo possível a analisar e a fazer cada passo que aqui expus - analise-o! Há muitas verdades neste livro que podem colocar a sua vida de volta no bom caminho se colocar a coisa mais importante do seu lado: a esperança.

Quero realmente que experimentem cada técnica. Tenha fé... o que importa é que se tentar como eu tentei, curar-se-á naturalmente e tornar-se-á novamente o seu antigo e feliz eu. Desejo-vos tudo de bom, o vosso amigo Simmons Graham, um sobrevivente feliz graças aos mesmos conceitos que explico neste livro. Podeis...